AIMONS
NOTRE PROCHAIN

PARABOLE

EN UN ACTE EN PROSE

PAR

MÉRY

PARIS

MICHEL LÉVY FRÈRES, LIBRAIRES-ÉDITEURS

RUE VIVIENNE, 2 BIS

—

1854

AIMONS NOTRE PROCHAIN.

AIMONS NOTRE PROCHAIN,

PARABOLE EN UN ACTE,

EN PROSE,

PAR MÉRY.

REPRÉSENTÉE POUR LA PREMIÈRE FOIS A PARIS, A LA SALLE HERZ,
AU CONCERT DE M. OFFENBACH, LE 2 MAI 1854.

PARIS,

MICHEL LÉVY, LIBRAIRE-ÉDITEUR,
2 BIS, RUE VIVIENNE.

1854.

PERSONNAGES.

Mme DE FONTALBE, jeune veuve,　　　　Mlle JUDITH.
DÉLIA, sa femme de chambre,　　　　　Mme BRINDEAU.
MAURICE SAINT-BLANCARD,　　　　　　M. BRINDEAU.
TONY, valet de chambre,　　　　　　　M. CASTEL.

LA SCÈNE EST A VILLE D'AVRAY.

AIMONS NOTRE PROCHAIN,

PARABOLE.

Un Salon élégant.

SCÈNE PREMIÈRE.

Mme DE FONTALBE, DÉLIA.

Mme de Fontalbe est assise.

DÉLIA. (*Elle achève de coiffer Mme de Fontalbe.*)
Madame me permet-elle de l'interroger?

Mme DE FONTALBE.

Interrogez-moi, je veux bien.

DÉLIA.

Madame, ne trouvez-vous pas que la campagne est inhabitable?

Mme DE FONTALBE.

Je ne suis pas de votre avis, Délia..... Comment, après

trois semaines de résidence dans ce charmant village de Ville-d'Avray, vous regrettez déjà Paris?

DÉLIA.

Je le regrettais déjà avant ces trois semaines.

Mme DE FONTALBE.

Eh bien! Délia, vous vous habituerez à le regretter, car ma résolution est irrévocable. Je veux être veuve avec calme; il me faut donc un village pour retraite. J'ai tous les goûts qui font les délices de la solitude. J'aime les fleurs, la musique, la lecture, la broderie. Ces distractions remplissent tout un jour; le sommeil remplit toute une nuit. Vivre inconnue dans un village est maintenant ma seule ambition.

DÉLIA.

Vivre inconnue! oh! madame de Fontalbe, si vous étiez votre femme de chambre un seul moment, vous douteriez de votre incognito! Vous n'êtes sortie qu'une fois pour aller à l'église, et tout le village est déjà rempli de votre nom, de votre grâce, de votre beauté. Votre toilette est sans doute bien simple, mais vous êtes grande dame malgré vous, et vous portez votre chapeau de paille comme une couronne de comtesse. Ceux qui ne vous connaissent pas et qui ne vous ont jamais vue, et qui vous suivent de très-loin, devinent que vous êtes belle à ravir, et ils précipitent le pas pour avoir le bonheur de vous voir un moment; ceux qui vous regardent passer devant les balcons, les terrasses, les grilles des jardins, laissent éclater sur leurs visages des sourires d'admiration. Il n'y a point d'incognito pour une jolie femme; elle resterait toute seule enfermée dans une maison, fenêtres et portes closes, sa beauté rayonnerait à travers les murs; les passans s'arrêteraient pour voir la façade; on devinerait le diamant à travers l'enveloppe de l'écrin.

Mme DE FONTALBE.

Délia, vous êtes un démon.

DÉLIA.

Je ne suis qu'une jeune fille, c'est bien assez; madame me flatte toujours; seulement, je n'ai point d'ambition et je ne veux pas m'élever plus haut.

Mme DE FONTALBE.

Quelle heure est-il, Délia?

DÉLIA, *regardant la pendule.*

Six heures.—Six heures du matin! Madame trouve déjà la journée longue; ordinairement, on ne demande l'heure qu'à six heures du soir.

Mme DE FONTALBE.

Délia, ouvrez la persienne... je veux jouir du soleil levant, ses rayons doivent avoir une teinte charmante sur la cime des arbres de Ville-d'Avray.

DÉLIA, *regardant à travers la persienne.*

Impossible, madame... vous regarderez le soleil levant ce soir... Il y a toujours le voisin, le voisin!... C'était bien la peine de quitter Paris pour trouver encore des voisins à la campagne. Les voisins vous suivent partout, comme les portiers.

Mme DE FONTALBE.

Je conviens qu'il est fort désagréable d'avoir ce jeune

homme pour voisin... chaque maison a ses inconvéniens.

DÉLIA.

Mais celui-là est le pire de tous. (*Regardant à travers la persienne.*) Un jeune homme de trente ans... On ne voit jamais que les trois quarts du visage, mais le fragment est beau... Son costume est de la plus haute distinction, à six heures du matin ; cette toilette de bal est en avance de quinze heures sur la journée... Il lit un livre avec attention... pas un mouvement... comme hier... toujours immobile... Il ressemble à une statue de jardin habillée en monsieur... Madame, voulez-vous que je fasse du bruit pour secouer cette énigme?

Mme DE FONTALBE.

Gardez-vous-en bien ; il croirait que nous nous occupons de lui.

DÉLIA.

Oui, épargnons-lui cette erreur... N'importe, c'est irritant au dernier point un voisin comme celui-là, qui lit depuis six heures du matin jusqu'à la nuit, en costume de bal... qui ne reçoit personne, ne sort jamais, ne s'occupe pas de nous! Il n'est pas permis à un voisin de se conduire ainsi. Nous devons porter plainte à l'autorité.

Mme DE FONTALBE.

Mais il me semble, Délia, que chacun est libre de faire chez soi ce qui lui plaît.

DÉLIA.

Oui, madame, si ce qui lui plaît n'incommode pas les voisins. Il y a des lois pour cela. Nous avions aux Batignolles, chez ma première maîtresse, madame Bousignot, un voisin qui tirait des feux d'artifices tous les soirs dans sa basse-cour; nous portâmes notre plainte au maire, M. Giraud, qui força notre voisin à ne s'amuser ainsi que la veille de la fête de l'Empereur, comme la ville de Paris, qui ne s'amuse qu'une fois l'an.

Mme DE FONTALBE.

Vous êtes folle, Délia ; ce voisin de Ville-d'Avray n'a rien de commun avec le vôtre des Batignolles.

DÉLIA.

Mais, madame, j'aimerais cent fois mieux que celui-ci tirât deux feux d'artifices par jour, qu'il sonnât du cor, qu'il fît des gammes au piano, qu'il lût le *Moniteur* à haute voix, au moins nous serions fixées sur le compte de notre voisin ; nous aurions le droit de nous plaindre d'un fléau qui aurait un nom, et de lui envoyer des injures par notre fenêtre ou des huissiers par sa porte; tandis que nous sommes là, depuis trois semaines, occupées à détruire notre imagination devant un mystère qui nous empêche de rire le jour et de dormir la nuit, sans avoir le droit de jeter dans le jardin de ce mystère une bonne pierre ou une feuille de papier timbré.

Mme DE FONTALBE, *avec un faux sourire*.

Vraiment, Délia, vous prenez la chose trop au sérieux. Je ne veux pas que ce voisinage vous rende tout à fait folle, et, pour vous conserver le peu de raison qui vous reste, j'irai passer quinze jours, en hôtel garni, à Saint-Cloud.

DÉLIA.

Et après ces quinze jours, madame?

Mme DE FONTALBE.

Nous rentrerons ici.

DÉLIA.

Eh! mon Dieu! nous reverrons la même chose, madame, j'en mettrais la main au feu. Si j'osais proposer un pari à madame de Fontalbe, je parierais ma dot de la caisse d'épargne que, le dernier jour de l'été, à cinq heures du soir, cet abominable beau jeune homme ouvrira ce même livre, là, devant nous. Cela prend la tournure de ne jamais changer, comme la colonne Vendôme, comme l'obélisque de Luxor. Si cette maison m'appartenait, je me donnerais le plaisir d'y mettre le feu, pour voir si mon incendie dérangerait ce voisin. Oh! madame la comtesse, vous avez beau prendre un bel air d'insouciance, vous êtes femme avant d'être grande dame, et votre impatience est aussi forte que la mienne, quoiqu'elle sache mieux se farder.

Mme DE FONTALBE.

Mais je ne farde rien, Délia ; au contraire, j'avoue hautement ma curiosité en cette occasion. Ce voisinage ne m'irrite pas, moi; il m'intéresse. Jusqu'à ce jour, je n'avais vu que des jeunes gens étourdis, turbulens, oisifs, amoureux d'eux-mêmes, et je rencontre par hasard, sous ma fenêtre, une exception, un jeune homme modèle, un dandy qui s'habille au dernier goût du jour, seulement pour honorer sa dignité personnelle, et sans aucun but de parade et d'ostentation ; un élégant campagnard qui s'instruit, étudie, médite, lorsque tant d'autres s'efforcent d'oublier le peu qu'ils avaient appris. Pareille découverte est rare ; elle est digne de tout mon intérêt. Je voudrais savoir le nom de ce voisin phénomène pour l'écrire sur mes tablettes comme un événement.

DÉLIA.

Si c'est ainsi, la chose est plus sérieuse que je ne pensais.

Mme DE FONTALBE, *avec douceur*.

Prenez bien garde à ce que vous pensez, Délia ; ma bonté vous encourage trop... Je descends au jardin...

(*Fausse sortie.*)

DÉLIA.

Madame est-elle contente de sa coiffure ?

Mme DE FONTALBE.

C'est toujours assez bon pour la campagne ; ici, on ne s'habille que pour soi.

DÉLIA.

Quand madame descend au jardin, toutes les fenêtres des environs s'ouvrent, comme de grands yeux, pour la regarder.

Mme DE FONTALBE.

Cela m'est indifférent. Depuis le premier jour de mon veuvage, je suis morte au monde. J'ai acheté cette petite maison comme on achète une tombe de son vivant, et je me soucie fort peu du mépris ou de l'admiration du genre humain de Ville-d'Avray.

(*Elle sort.*)

SCÈNE II.

DÉLIA, seule.

J'espère bien que madame ressuscitera de son vivant... Ouvrons la persienne avec un fracas prémédité.
(*Elle ouvre la persienne et fredonne un air.*)
C'est trop fort! il ne bouge pas!—Ah! voilà son valet de chambre qui entre. Le valet de chambre dépose un gros livre sur un guéridon; un livre énorme... un livre de ville... En voilà un que je ne lirai pas!...
(*Elle déchire la bande d'un journal et fait semblant de lire à la fenêtre.*)

Ce valet de chambre n'a pas l'air de s'amuser beaucoup; il va donner sa démission au premier jour... Faisons-lui tomber un piége... (*Elle laisse tomber le journal et pousse un cri.*) Mon journal!... Excusez, monsieur le valet de chambre... là... au pied du mur... un journal sur un vase de géranium... Je vous serai bien reconnaissante... le vent l'a emporté... (*A part*) Il n'y a pas un brin d'air, c'est égal... Bon! le piége a réussi... le valet de chambre monte... je connaîtrai la moitié de l'énigme, au moins... Prenons nos grands airs pour le recevoir.

SCÈNE III.

TONY, DÉLIA.

DÉLIA, *prenant le journal.*

Mille remerciemens, monsieur.

TONY, *s'inclinant.*

Mademoiselle...

(*Fausse sortie.*)

DÉLIA.

Vous devez être fatigué, voulez-vous vous reposer un instant...

TONY.

Mon maître serait furieux contre moi s'il remarquait mon absence.

DÉLIA.

Votre maître ne remarque rien.

TONY.

Il va bientôt terminer sa lecture de *défrichement of woods of Now-Holland. Printed by Thompson Soho-square. London.*

DÉLIA.

Qu'est-ce que c'est que ce livre-là ?

TONY.

Un essai sur le défrichement des bois de la Nouvelle-Hollande.

DÉLIA.

Ah ! mon Dieu ! ce vilain beau jeune homme s'occupe du défrichement des antipodes !

TONY.

C'est un économiste

DÉLIA.

A son âge ! il a déjà cette infirmité !

TONY.

Et il m'a dit de chercher dans sa bibliothèque le *Traité de l'influence des météores polaires sur l'intelligence des naturels du détroit de Behring*... Voulez-vous que je vous cite ce titre en anglais ?

DÉLIA.

Non, je n'ai pas le temps de l'écouter... Quel dommage que monsieur... monsieur...

TONY.

Maurice de Saint-Blancard.

DÉLIA.

J'avais oublié son nom... Quel dommage que notre voisin, M. Maurice de Saint-Blancard, soit affligé de tous ces défauts !

TONY, *avec un soupir*.

Ah ! c'est ainsi !.. mais à part cela, il a toutes les qualités possibles ; il est généreux, aimable, musicien, ténor, célibataire et muet dans la conversation.

DÉLIA.

Voyez donc ! il pourrait être parfait !

TONY.

Cela ne dépend que de lui... (*Effrayé.*) Ah ! mon Dieu ! j'entends le bruit de ses bottes !... je suis perdu !... au nom du ciel, cachez-moi...

DÉLIA.

Sautez par la fenêtre.

TONY.

Merci.

SCÈNE IV.

TONY, DÉLIA, MAURICE.

MAURICE, *entrant furieux un livre à la main.*

Malheureux! Valet indigne de me servir! Tu ne rentreras plus chez moi!

TONY, *à genoux.*

Monsieur...

MAURICE, *à Délia.*

Mademoiselle, j'ai le droit d'entrer ici; j'ai le droit de veiller sur mon domestique et je ne savais pas si cette maison est habitée ou non.

DÉLIA.

Elle est très-habitée, monsieur.

MAURICE.

Par des femmes?

DÉLIA.

Par une dame et sa camériste.

MAURICE.

Toujours des femmes! partout des femmes! Comment veut-on après que la jeunesse s'instruise, devienne sérieuse et s'occupe de défrichemens! (*Apercevant Mme de Fontalbe qui entre.*) Encore une!

SCÈNE V.

Les Précédens, Mme DE FONTALBE.

Mme DE FONTALBE.

Que signifie ce bruit?

DÉLIA.

C'est M. de Saint-Blancard, notre voisin, qui vient réclamer son domestique, qui s'est égaré dans les environs.

MAURICE, *avec beaucoup de distinction.*

Madame, veuillez bien m'excuser, je n'ai pas l'habitude du monde ; je suis un campagnard studieux, voilà tout. (*Il dépose son livre sur une table.*) Tout domestique entre chez moi sous la condition de ne parler à aucun voisin, et de ne se mêler que de mes affaires. Celui-ci, ce drôle, ce Tony, a manqué à ses engagemens... (*Tony veut se justifier.*) Tais-toi, maraud, point d'excuses! je te chasse ; je vivrai seul.

DÉLIA, *à madame de Fontalbe.*

Madame, intercédez en faveur de ce pauvre garçon. Voici son crime : il m'a rapporté un journal que j'avais laissé tomber par la fenêtre, chez le voisin.

Mme DE FONTALBE, *bas à Délia.*

Ah! Délia! Délia!

MAURICE, *à madame de Fontalbe.*

Madame, voilà un bon exemple que je vous donne. Tout serviteur infidèle mérite un congé immédiat. Dès ce moment, je n'ai plus de domestique. Je suis libre, je suis maître de moi. Je m'appartiens! Adieu, Ville-d'Avray. Adieu, madame. Demain, je vends cette maison, où il m'a été impossible de trouver le calme et la solitude si nécessaires aux études sérieuses. Je quitte ce village, qui est un faubourg de Paris, et je vais m'ensevelir dans un désert inconnu, où le bruit des voisins et des locomotives n'est pas encore arrivé. (*Il salue et sort en chassant Tony devant lui.*)

SCÈNE VI.

Mme DE FONTALBE, DÉLIA.

DÉLIA, *les yeux dans son mouchoir et feignant la désolation.*

Madame... je sais aller au devant de vos ordres, et me donner le congé que je mérite... Je vais faire mes malles. (*Fausse sortie.*)

Mme DE FONTALBE.

Délia !

DÉLIA.

Madame m'appelle ?

Mme DE FONTALBE.

Vous avez une étourderie bien coupable.

DÉLIA.

Je le sais, madame; oh! je connais mes défauts ; mais j'oublie toujours de m'en corriger. Si je ne quitte pas votre maison, je retomberai demain dans la même étourderie, et peut-être ce soir. C'est plus fort que moi, il faut que je fasse des fautes. Ainsi, ayez la bonté de ne pas me pardonner, et soyez assez heureuse pour trouver une autre femme de chambre qui ne s'occupe pas des voisins.

(*Fausse sortie.*)

Mme DE FONTALBE.

Délia... vous voulez donc me laisser ici toute seule ?

DÉLIA.

Si madame a besoin de mes services, je resterai encore huit jours.

Mme DE FONTALBE.

Soit... ensuite, nous verrons.

DÉLIA.

D'abord, je commence par fermer cette maudite fenêtre, qui est la cause de tous nos malheurs.

Mme DE FONTALBE.

Nous allons étouffer, Délia, ne fermez rien.

(*On entend un accord de piano.*)

DÉLIA.

Bon, le voisin va chanter ses adieux à Ville-d'Avray.

Mme DE FONTALBE.

Silence, Délia...

(*Chant dans la coulisse.*)

Adieu, charmant village,
Désert peuplé de fleurs,
Air du ciel qui soulage
Et calme les douleurs.
Le monde me réclame,
Plus d'espoir de retour.
Je te laisse mon âme,
Et l'âme, c'est l'amour.

DÉLIA, *après le premier couplet.*

C'est le moment de fermer la fenêtre pour lui donner une leçon comme il n'en recevra pas au Conservatoire.

Mme DE FONTABLE.

Délia, je ne vous ai rien ordonné.

DEUXIÈME COUPLET.

Adieu, vertes collines,
Horizon enchanté,
Concerts, plaintes divines
Des belles nuits d'été ;
Le monde me convie
A son bonheur d'un jour ;
Ici laissons ma vie,
Ma vie est mon amour.

DÉLIA.

Si cela était de la musique, elle courrait la chance d'être mauvaise.

Mme DE FONTALBE.

Mais vous ne vous tairez donc pas ?

DÉLIA.

L'air est fini, le parterre donne son opinion.

Mme DE FONTALBE.

Vous ne vous corrigerez donc pas ?

DÉLIA.

Je veux encore profiter de mes huit jours... Ah ! mon Dieu !... — J'entends un pas de ténor dans l'escalier... il croit que nous l'avons rappelé, comme à l'Opéra... fermons la porte, pour éviter les courans d'air.

Mme DE FONTALBE.

Délia, ne touchez ni aux portes, ni aux fenêtres.

SCÈNE VII.

Mme DE FONTALBE, DÉLIA, MAURICE.

MAURICE, *entre avec précipitation.*

Pardon, madame, j'ai oublié mon livre chez vous.

DÉLIA, *s'asseoit pour broder.*

Son livre de défrichement.

MAURICE, *cherchant le livre et le prenant sur la table.*

Le voici... quel bonheur!... je croyais l'avoir perdu!... un exemplaire unique! Je saisis cette occasion, madame, pour vous faire mes adieux...

Mme DE FONTALBE, *saluant sans regarder.*

Monsieur...

MAURICE, *après une fausse sortie.*

J'espère, madame, que vous ne garderez aucun fâcheux souvenir d'une scène si déplorable...

Mme DE FONTALBE.

Monsieur, j'avais déjà tout oublié.

MAURICE, *après une fausse sortie.*

Ah! je venais vous dire aussi que mon valet de chambre est parti par le premier convoi

Mme DE FONTALBE.

C'est bien, monsieur.

DÉLIA, *à part.*

Et moi, je pars par le second... laissons-les seuls. (*Elle s'esquive sur la pointe des pieds.*)

MAURICE.

Ah! j'oubliais encore!... madame, j'ai un petit service à vous demander.

Mme DE FONTALBE.

Parlez, monsieur...

MAURICE.

Un service qu'on ne se refuse pas entre voisins... Si demain et jours suivans des acheteurs se présentent pour ma maison, me permettez-vous de laisser mes clés à votre jardinier... afin que...

Mme DE FONTALBE.

Je lui donnerai mes ordres. (*Maurice s'incline respectueusement et sort.*)

SCÈNE VIII.

Mme DE FONTALBE, *seule*.

Ah! mon Dieu! dans quel négligé de matin j'ai été surprise! (*Courant à son miroir.*) Ma coiffure fait peur!... Un miroir ne se trompe jamais!... Les femmes de chambre qui parlent trop bien coiffent très-mal... il faudrait toujours avoir Mariton sous la main!... Oh! qu'une dame serait heureuse, si elle pouvait secouer la tyrannie de sa femme de chambre! (*Elle pirouette devant son miroir.*) Ce n'est pas au moins que je me soucie de ce jeune homme!... un inconnu!... cependant il faut être juste, il mériterait d'être connu... et je m'avoue tout bas de peur de m'effrayer, que cet inconnu est charmant... (*Elle regarde sa robe.*) Une robe de la dernière saison!... on a beau dire, *à la campagne comme à la campagne...* proverbe stupide, comme tous les proverbes que les femmes n'ont pas faits... à la campagne comme à la ville... voilà le bon... heureusement ce jeune homme est économiste... (*Devant son miroir.*) Les économistes ne regardent pas les femmes. Ils sont absorbés par les livres... Bon! voilà sur mon corsage trois plis qui sautent aux yeux comme trois fautes d'orthographe!... Les couturières sont bien criminelles quelquefois... (*Revenant à son miroir.*) Il me semble que je suis pâle! (*Maurice entre.*) A sept heures du matin la pâleur ne fait pas trop mal... C'est le teint de la distinction... (*Apercevant Maurice dans le miroir.*) Ah! monsieur!...

SCÈNE IX.

Mme DE FONTABLE, MAURICE.

MAURICE.

Je ne suis pas sorti. Pardon, madame, je n'ai pas trouvé la porte ; je me suis égaré dans l'escalier.

Mme DE FONTALBE.

Ma maison est bâtie exactement sur le modèle de la vôtre.

MAURICE, *feignant, sur ce mot, de s'échauffer tout à coup.*

Ah! madame! au nom du ciel, ne me parlez pas de ma maison!... Une maison que j'ai achetée, il y a un mois et demi, 63,000 fr., à l'étude de Me Ardisson.

Mme DE FONTALBE.

C'est mon notaire aussi.

MAURICE.

Tiens! comme cela se rencontre!... nous avons le même notaire!... un homme charmant...

Mme DE FONTALBE.

Je n'ai eu qu'à me louer de lui.

MAURICE.

Très-loyal en affaires... Il m'a vendu trois immeubles à la fin de l'hiver dernier, et si quelque chose avait pu me consoler de mes malheurs, j'aurais trouvé cette consolation en touchant 530,000 fr. 87 c., de trois maisons qui ne valaient pas le quart de cette somme, lorsque feu mon père les acheta.

Mme DE FONTALBE.

Monsieur n'a donc pas subi des malheurs de fortune ?

MAURICE.

Oh ! des malheurs d'argent, ce sont des malheurs heureux ! Les miens appartiennent à une autre espèce... ils sont malheureux.

Mme DE FONTALBE.

Des malheurs politiques ?... Monsieur a échoué dans une élection ?

MAURICE.

Oui, madame... je n'ai pas été élu.

Mme DE FONTALBE.

Dans votre arrondissement ?

MAURICE.

Dans le deuxième...

Mme DE FONTALBE.

Vous étiez candidat ?

MAURICE.

Candidat d'une belle veuve ; j'ai échoué à son élection... Il me fallait deux voix ; je n'en ai eu qu'une... la mienne !

Mme DE FONTALBE.

Et vous ne vous remettez plus sur les rangs ?

MAURICE.

La belle veuve a été pervertie par une gravure d'Artémise, elle reste fidèle à l'ombre de son mari.

Mme DE FONTALBE.

Et c'est elle qui vous a signifié...

####### MAURICE.

Elle ne m'a pas même honoré d'un refus verbal. Je ne lui ai jamais parlé... Pardon, madame, si je vous donne ces détails oiseux ; mais vous avez paru vous intéresser à mes infortunes, et je vous ai fait une confidence qui n'aurait jamais dû sortir de mon cœur.

####### Mme DE FONTALBE.

Il est très-rare, dans notre siècle, de voir des passions généreuses, un jeune homme se sacrifier ainsi pour une femme inconnue ! Voilà un modèle qui ne sera pas copié.

####### MAURICE.

Ne me louez pas, madame, il y avait un intérêt au fond de cette passion. Je suis obligé d'aimer une veuve par contrat passé devant notaire...

####### Mme DE FONTALBE.

Ah ! voici de l'étrange ; cela mérite une explication.

####### MAURICE.

Madame, j'ai eu le malheur d'avoir un oncle millionnaire, qui s'est marié deux fois, et qui s'en est repenti deux fois. Permettez-moi de taire ses infortunes légitimes. A la fin de ses jours, mon oncle se trouvait deux fois veuf, et il me disait souvent : La femme, la véritable femme est veuve de sa nature ; elle naît veuve. Il se rencontre des maris qui semblent mourir tout exprès pour assurer à une femme cette belle condition. Une veuve sait tout, et, comme elle n'a plus rien à apprendre, elle dédaigne de chercher de l'instruction ailleurs ; son expérience paresseuse assure le bonheur domestique de son futur mari, le survivant du défunt. Comment trouvez-vous cette définition de la veuve par un oncle?

Mme DE FONTALBE.

Elle ferait honneur à un neveu.

MAURICE.

Ces détails ne vous paraissent pas trop ennuyeux, madame?

Mme DE FONTALBE.

A la campagne, on ne s'amuse qu'avec des détails... Pardon, monsieur, j'ai oublié de vous inviter à vous asseoir.

MAURICE.

Madame, je passe toutes mes journées sur un fauteuil; je me repose en restant debout.

Mme DE FONTALBE.

Et votre oncle a-t-il épousé une veuve en troisièmes noces pour mettre sa théorie en action?

MAURICE.

Le temps lui a manqué, il est mort. Mais, avant de mourir, il m'a nommé son légataire universel, à la condition expresse que j'épouserais une veuve de vingt-quatre ans et au-dessous.

Mme DE FONTALBE.

Et vous n'avez trouvé qu'une veuve à Paris?

MAURICE.

Oui, madame, une seule, dans un bal, rue d'Anjou-Saint-Honoré.

Mme DE FONTALBE, *avec un léger mouvement.*

Vous oubliez le numéro.

MAURICE.

Trente-six... Une veuve qui méritait de l'être, car jamais un mari ne pouvait être digne d'elle. A ce bal, les femmes ne parlaient que de ses diamans; les hommes ne parlaient que de sa beauté. Elle dansait à ravir; elle avait des sourires angéliques, des grâces divines, des regards étoilés. Trente danseurs ont brûlé leurs mains aux dentelles de son corsage, dans les valses et les polkas de toute une nuit. Moi, je me suis perdu, comme un atôme, au milieu de cette mêlée délirante; j'ai respiré les parfums de cette fleur dans l'air enivrant où la musique l'emportait comme une vision d'amour; j'ai exprimé tout le bonheur d'une vie dans la suavité d'un instant. Je n'ai vu qu'une femme au centre d'un tourbillon de gaze, d'étoffes, de diamans et de fleurs; j'ai supprimé tout un monde d'adorateurs pour ne voir que l'idole, et le matin, quand le soleil du 13 avril a éteint les bougies du bal et que la vision a disparu, ma nuit a commencé; Paris est devenu un désert immense. J'étais seul avec mon amour.

Mme DE FONTALBE, *avec un sourire forcé*.

Et vous avez oublié la clause du testament de votre oncle?

MAURICE.

Mais, madame, pour épouser une veuve, il faut le consentement...

Mme DE FONTALBE.

De la veuve...

MAURICE.

Non, du mari défunt.

Mme DE FONTALBE, *éclatant de rire*.

Ah ! j'ignorais cela.

MAURICE.

Vous l'apprendrez quand vous serez veuve.

Mme DE FONTALBE.

Hélas ! je le suis.

MAURICE, *jouant la surprise*.

Ah ! mon Dieu ! qu'ai-je fait ? Pardon, madame, excusez-moi...

Mme DE FONTALBE.

Mais vous n'avez pas besoin d'excuses ; vous n'avez pas médit des veuves ; au contraire... Ainsi donc, si je voulais me remarier, je serais obligée de demander le consentement à mon mari ?

MAURICE.

Entendons-nous, madame ; cette demande ne se formule pas en termes ordinaires : on ne fait pas à un mari mort trois sommations respectueuses, avec du papier timbré, par le ministère d'un huissier funèbre ; mais une veuve sage se recueille en elle-même, et prie mentalement l'ombre toujours chère d'un mari de vouloir bien ne pas s'irriter, si une pauvre femme cherche à réparer de son mieux le préjudice qu'une mort trop précoce lui a fait subir. Ordinairement l'ombre ne dit rien... elle consent. La veuve est satisfaite de sa pieuse démarche, et elle répare le préjudice légalement.

Mme DE FONTALBE.

Ainsi, l'ombre de votre veuve du bal n'a pas consenti ?

MAURICE.

Tout juste, vous l'avez deviné.

Mᵐᵉ DE FONTALBE.

C'est une ombre exceptionnelle.

MAURICE.

Que voulez-vous ? J'ai rencontré celle-là. Ma veuve de la rue d'Anjou, après avoir incendié tout un bal, a dit au monde, le lendemain, un adieu éternel.

Mᵐᵉ DE FONTALBE.

L'éternité d'un adieu n'est pas longue, dans la vie des veuves.

MAURICE.

Oh! vous ne connaissez pas ma veuve. J'ai pris des informations : elle a vendu ses chevaux, sa voiture, son hôtel ; elle a licencié ses domestiques, son coiffeur, ses fournisseurs, son avocat, son cuisinier, et elle a disparu sur un horizon de chemin de fer. L'ombre n'a pas consenti. Et moi, moi, madame, j'ai quitté Paris pour m'éloigner, non pas d'une foule, mais d'une idée ; je me suis enseveli dans ce jardin comme dans une tombe de fleurs, ou un hospice des incurables ; et cherchant un genre de suicide honorable, je me suis lancé dans l'économie politique ; je n'en reviendrai pas.

Mᵐᵉ DE FONTALBE.

Un peu de patience encore... les ombres changent d'avis quelquefois.

MAURICE.

C'est fini. Mon destin est fait. Je vais rentrer dans ma tombe. Adieu, madame.

(*Fausse sortie.*)

Mᵐᵉ DE FONTALBE.

Encore un mot, monsieur, votre tombe vous attendra

un instant... Vous m'avez fait une confidence si entremêlée de choses sérieuses et plaisantes, que je ne sais vraiment de quelle façon vous répondre. Dois-je rire ou vous plaindre ?

MAURICE.

A votre choix, madame.

Mme DE FONTALBE.

J'aimerais mieux vous quitter en riant.

MAURICE.

Ah ! c'est votre avis ?

Mme DE FONTALBE.

Voyez ; tout rit autour de nous : le soleil, les arbres, les fleurs, les pelouses, les collines ; il est si doux de rire, quand on est triste, au mois de juin ; n'attristons pas cette belle création qui nous environne et nous envoie tous les sourires de Dieu.

MAURICE.

Très-bien madame ! vous l'exigez, nous pouvons nous quitter avec des cris de joie.

Mme DE FONTALBE.

Oh ! je déteste le luxe dans la gaîté. J'aime mieux *le Comte Ory* que *les Rendez-vous bourgeois*.

MAURICE.

Eh bien ! je crierai seul, j'aime le luxe, moi. Ecoutez, madame... et allons au fait... Vous avez acheté cette maison de Ville-d'Avray le 18 avril dernier, à l'étude de Me Ardisson.

Mme DE FONTALBE.

C'est vrai... Comment savez-vous cela ?

MAURICE, *tirant son portefeuille*.

Voici la copie de votre acte.

Mme DE FONTALBE.

Ah! mon Dieu!

MAURICE.

J'ai pris la première hypothèque sur votre maison... Ne vous effrayez pas... c'est une hypothèque d'amour...

Mme DE FONTALBE, *émue*.

Monsieur, revenons au sérieux.

MAURICE.

J'obéis et je suis très-sérieux... Voici un autre acte, passé devant le même notaire, qui me rend acquéreur de ma maison, la maison voisine, la maison de votre prochain. (*Tombant à ses pieds.*) Vous êtes, madame de Fontalbe, la divine reine du bal du 13 avril. Vous ne pouviez m'oublier, puisque vous n'avez jamais pensé à moi; j'étais l'atôme de ce bal; le rayon néglige l'atôme; mais moi, moi, je vous ai donné mon âme, mon cœur, ma fortune, et je ne vous ai rien demandé en échange. Tout donner et ne rien recevoir, c'est ainsi qu'il faut vous aimer.

Mme DE FONTALBE.

Levez-vous, monsieur.

MAURICE.

Avec un espoir?

Mme DE FONTALBE.

Vous êtes déjà exigeant?

MAURICE.

Un espoir, c'est si peu de chose ; refuserez-vous une aumône ?

Mme DE FONTALBE.

On est avare de la monnaie du cœur.

MAURICE.

Mais vous êtes si charitable, tout le village le dit !

Mme DE FONTALBE.

Ah ! monsieur ! monsieur ! vous m'avez bien trompée avec vos poses studieuses du jardin ! Je vous croyais un homme grave !

MAURICE.

Pardon de vous avoir trompée ; j'étais un homme amoureux ; j'attends un de vos sourires, comme le rayon de l'espoir.

Mme DE FONTALBE (*Elle prend un livre dans sa bibliothèque.*)

Voici un livre que je consulte toujours dans les affaires graves... c'est un recueil de maximes religieuses et de paraboles.

MAURICE.

Consultez tout excepté l'ombre.

Mme DE FONTALBE, *ouvrant le livre.*

J'ouvre ce livre, et la première ligne me décide... (*Elle lit.*) Aimons notre prochain. (*Maurice pousse un cri de joie.*) Silence ! point de luxe !

SCÈNE X.

Les Précédens, DÉLIA.
(Elle entre tristement, chargée de paquets et de cartons de voyage.)

DÉLIA.
Madame, je ne puis pas attendre les huit jours... je pars avec M. Tony, le valet de chambre de M. Maurice; il m'a promis de m'épouser.

MAURICE.
Et il tiendra parole. Je vous donne, mademoiselle, une dot de six mille francs, et vous restez tous deux à notre service.

DÉLIA, *laissant tomber ses paquets.*
Ah! mon Dieu! est-ce possible!

Mme DE FONTALBE.
A condition que vous n'ouvrirez plus les persiennes.

DÉLIA.
Et que je fermerai les portes, c'est compris. *(A part.)* Voilà la jalousie qui commence.

SCÈNE XI.

Les Mêmes, TONY, *entrant*.

MAURICE, *à Tony*.

Ah ! c'est toi !

TONY.

Monsieur, je n'ai pas trouvé de place au chemin de fer, tout est pris, et me voilà.

MAURICE.

Tony, tu as commis une grande faute en cueillant un journal sur un vase de géranium. C'est une erreur de botanique inexcusable. Cependant, si Mme de Fontalbe te pardonne, je te marie avec Mlle Délia.

TONY, *à Mme de Fontalbe*.

Madame, veuillez bien me pardonner une faute que mon maître a commise par mes mains.

Mme DE FONTALBE.

Il y a des fautes heureuses. (*Montrant Délia.*) Voilà la récompense de la vôtre ; c'est mieux qu'un pardon.

MAURICE, *à Délia*.

Connaissez-vous la mairie de Ville-d'Avray ?

DÉLIA.

La mairie ! toutes les jeunes filles en savent le chemin,

dans tout les pays... Première rue à droite, seconde à gauche, troisième à droite, maison du drapeau.

MAURICE.

J'y vais de ce pas.

DÉLIA.

Pour moi ?

MAURICE.

Pour nous.

M︎ᵐᵉ DE FONTALBE, *à Maurice*.

N'oubliez pas l'église en passant.

PARIS

IMPRIMÉ PAR J. CLAYE ET C°

RUE SAINT-BENOÎT, 7.

CHEZ LES MÊMES ÉDITEURS
format grand in-18 anglais.

F. PONSARD

Lucrèce, tragédie en 5 actes, en vers..................	1 fr.	50
Agnès de Méranie, tragédie en 5 actes, en vers.........	1	50
Charlotte Corday, tragédie en 5 actes, en vers.........	1	50
Horace et Lydie, comédie en 1 acte, en vers............	1	»
Ulysse, tragédie en 5 actes, en vers...................	2	»
L'Honneur et l'Argent, comédie en 5 actes et en vers..	2	»

ÉMILE AUGIER

Gabrielle, comédie en 5 actes et en vers...............	2	»
La Ciguë, comédie en 2 actes et en vers................	1	50
L'Aventurière, comédie en 5 actes et en vers...........	1	50
L'Homme de bien, comédie en 3 actes et en vers.........	1	50
L'Habit vert, proverbe en 1 acte.......................	1	»
La Chasse au roman, comédie en 3 actes.................	1	50
Sapho, opéra en 3 actes................................	1	»
Diane, drame en 5 actes et en vers.....................	2	»
Les Méprises de l'amour, comédie en 5 actes et en vers.	1	50
Philiberte, comédie en 3 actes et en vers..............	1	50
La Pierre de Touche, comédie en 5 actes et en prose...	2	»
Le Gendre de M. Poirier, comédie en 4 actes et en prose.	2	»

GEORGE SAND

Le Pressoir, drame en 3 actes et en prose..............	2	»
Le Démon du Foyer, comédie en 2 actes et en prose...	1	50

JULES SANDEAU

Mademoiselle de la Seiglière, comédie en 4 actes......	1	50

MADAME ÉMILE DE GIRARDIN

Cléopâtre, tragédie en 5 actes et en vers..............	2	»
C'est la faute du Mari, comédie en 1 acte et en vers...	1	»
Lady Tartuffe, comédie en 5 actes et en prose.........	2	»
La Joie fait peur, comédie en 1 acte et en prose.......	1	50

OCTAVE FEUILLET

Le Pour et le Contre, comédie en un acte et en prose..	1	»
La Crise, comédie en 4 parties.........................	1	50

HENRY MURGER

Le Bonhomme Jadis, comédie en 1 acte et en prose.....	1	»

MÉRY

Le Sage et le Fou, comédie en 3 actes et en vers.......	1	50
Gusman le brave, drame en 5 actes et en vers..........	2	»

IMPRIMÉ PAR J. CLAYE ET Cⁱᵉ, RUE SAINT-BENOIT, 7.

www.ingramcontent.com/pod-product-compliance
Lightning Source LLC
Chambersburg PA
CBHW060508050426
42451CB00009B/882